QUESTIONS 6/9 ans RÉPONSES

Insectes et autres petites bêtes

Nathan

Première édition : © Larousse plc, Londres, 1995
Auteur : Amanda O'Neill

Édition française :

Traduction et adaptation : Marc Duquet
Consultant : Paul Hylliard
Numéro d'éditeur : 10146907
ISBN : 978-2-09-250586-1

Pour l'édition canadienne :
ISBN : 2-7625-7976-7

Dépôt légal : janvier 2008

Conforme à la loi n°49-956 du 16 juillet 1949
sur les publications destinées à la jeunesse.

Imprimé à Taïwan

Illustrations : Chris Forsey 4-5, 18-19, 30-31 ;
Stephen Holmes 22-23, 26-27 ;
Dessins humoristiques : Tony Kenyon (B.L. Kearley) ;
Adrian Lascom (Garden Studio) 6-7, 10-11 ;
Alan Male (Linden Artists) 14-15, 16-17, 28-29 ;
Nicki Palin 20-21 ; Maurice Pledger (Bernard Thornton)
24-25 ; David Wright (Kathy Jakeman) 8-9, 12-13

SOMMAIRE

Quel est le plus gros insecte ?

Le phasme géant d'Indonésie est le plus gros insecte du monde. Avec ses 33 cm de long, il tiendrait à peine dans ce livre ouvert !

● L'insecte le plus lourd du monde est le goliath géant. Il pèse autant qu'un hamster.

Goliath géant

● Le monarque détient le record du monde de vol longue distance. Chaque année, ce papillon se rend du Canada au Mexique : un voyage de plus de 3 500 km !

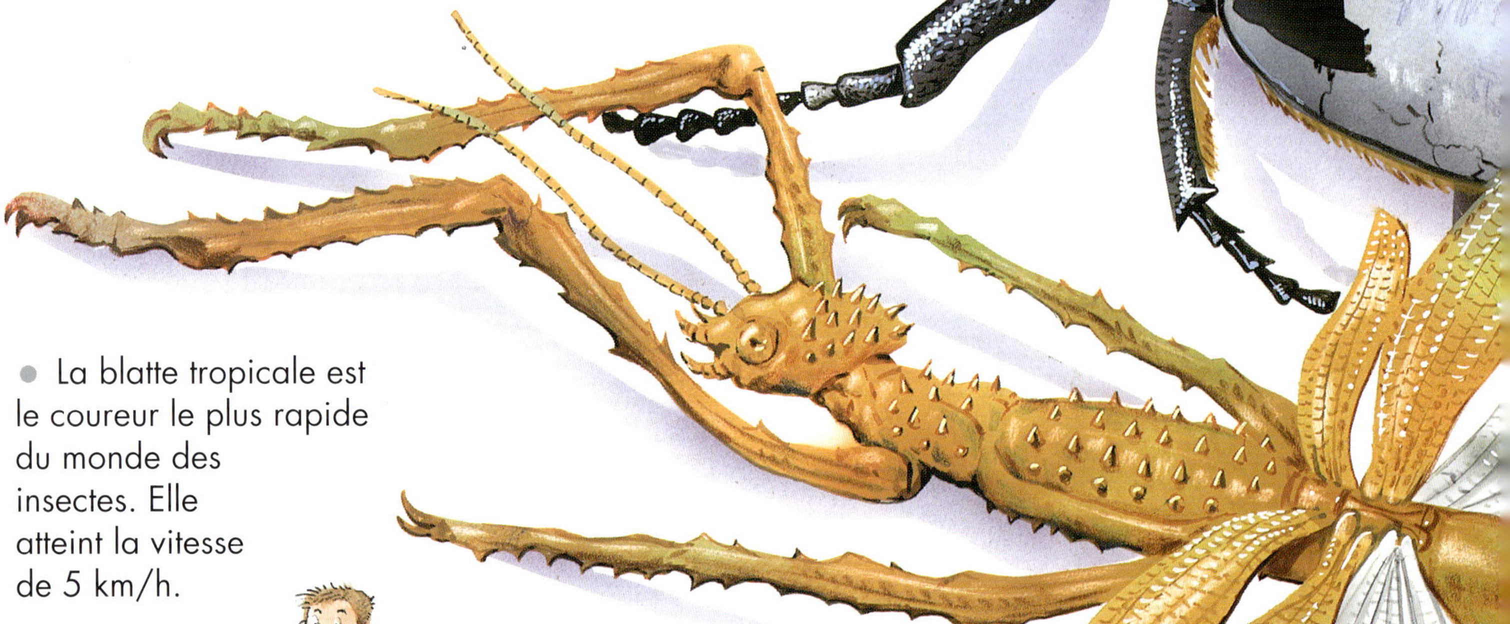

Phasme géant d'Indonésie

● La blatte tropicale est le coureur le plus rapide du monde des insectes. Elle atteint la vitesse de 5 km/h.

Quel est le plus petit insecte ?

● Avant l'apparition des dinosaures, des libellules gigantesques volaient dans le ciel. Certaines avaient la taille d'un goéland !

Tu aurais du mal à voir un mymar parce qu'il n'est pas plus gros qu'une tête d'épingle. La femelle pond ses œufs minuscules dans ceux d'autres insectes. Elle peut en déposer jusqu'à vingt dans un seul œuf de libellule.

● Le bombyx Hercule est le plus grand papillon du monde. D'un bout de l'aile à l'autre, il a la taille d'une assiette plate.

Qu'est-ce qu'un insecte ?

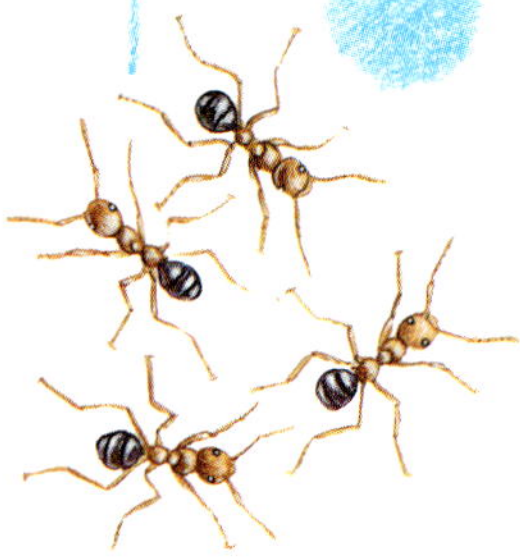

Un insecte a trois paires de pattes (c'est-à-dire six pattes) et son corps est formé de trois parties : la tête, le thorax et l'abdomen.

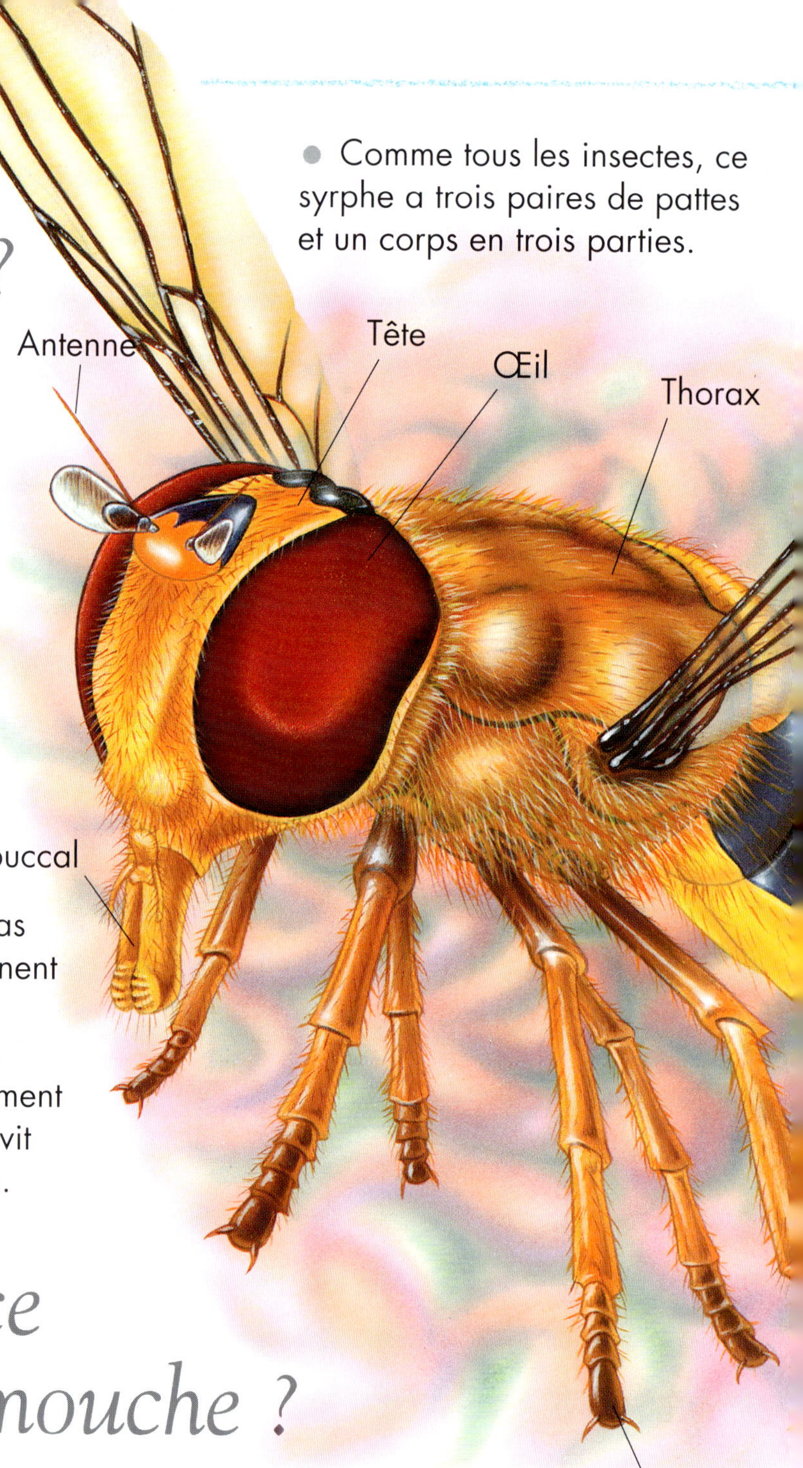

• Comme tous les insectes, ce syrphe a trois paires de pattes et un corps en trois parties.

• Les cloportes ne sont pas des insectes. Ils appartiennent à la même famille que les crabes, les homards et les crevettes. On les voit rarement ensemble, car le cloporte vit sur terre et non dans l'eau.

Qu'est-ce qu'une mouche ?

Les mouches ont une seule paire d'ailes. Les papillons, les abeilles, les libellules et les éphémères ont tous deux paires d'ailes ; ce ne sont donc pas des mouches.

Qu'est-ce qu'une punaise ?

Les punaises sont des insectes avec un rostre en forme d'aiguille. Elles utilisent ce rostre pour couper leur nourriture afin d'aspirer le délicieux jus qu'elle contient.

- Les punaises de lit sont les Dracula des insectes. La nuit, elles guettent les hommes endormis pour les piquer et sucer leur sang !

- Les mille-pattes ont bien trop de pattes pour être des insectes. En fait, ils en ont au maximum 176 paires.

- Il existe plus d'un million d'espèces d'insectes, plus que d'espèces d'animaux. Et les scientifiques en découvrent tous les jours de nouvelles !

Les araignées sont-elles des insectes ?

Non, car une araignée a huit pattes au lieu de six. De plus, le corps de l'araignée n'a pas trois parties mais deux, car la tête et le thorax sont réunis.

Pourquoi les araignées tissent-elles des toiles ?

La toile de l'araignée est à la fois sa maison et son garde-manger. Quand un insecte vole dans la toile, il y reste collé. L'araignée se précipite alors pour l'entourer de fil. Dans le fil, l'insecte devient liquide. Plus tard, l'araignée peut l'aspirer comme une boisson !

- La plupart des toiles d'araignées que tu vois sont circulaires, construites par des épeires. Les autres araignées font des toiles de formes différentes.

Comment les araignées fabriquent-elles leur fil ?

Les araignées produisent de la soie dans leur corps et la déroulent par de petits trous appelés filières. En sortant, la soie durcit et se transforme en fil, que l'araignée utilise pour tisser sa toile. Elle se sert de ses filières comme de doigts.

- Un Français eut l'idée d'élever des araignées. Il n'abandonna son projet qu'après avoir essayé de faire des chaussettes et des gants en fil de soie d'araignée.

- Toutes les araignées produisent de la soie, mais toutes ne font pas de toile. La scytode attrape des insectes en leur projetant un liquide gluant.

Quand les araignées volent-elles ?

Lorsque les bébés araignées sortent de leurs œufs, ils produisent un long fil de soie. Puis ils attendent que le vent les emporte vers un autre endroit, qui peut se trouver à plusieurs centaines de kilomètres de là.

À quoi servent les antennes d'un insecte ?

Les insectes utilisent leurs antennes pour sentir et goûter. Plus elles sont longues, plus elles sont sensibles. Certains insectes s'en servent aussi comme doigts pour toucher les objets.

• Les antennes d'un insecte mâle sont souvent plus longues que celles d'une femelle. Elles lui permettent de repérer l'odeur des femelles à la saison des amours.

• Le papillon lune mâle a de longues antennes plumeuses qui lui permettent de sentir une femelle à plusieurs kilomètres de distance.

• Le hanneton commun déploie toujours ses antennes avant de s'envoler. Il sait ainsi d'où vient le vent.

• Le capricorne rayé a les antennes rayées et le reste du corps bleu et noir.

Quel insecte goûte avec ses pattes ?

La plupart des insectes goûtent la nourriture avec leur bouche, comme nous, mais l'abeille peut également goûter avec ses pattes. Elle a juste à se poser sur une fleur pour connaître le menu du jour !

- Les araignées ont huit yeux, pourtant elles voient très mal !

Quel insecte entend avec ses pattes ?

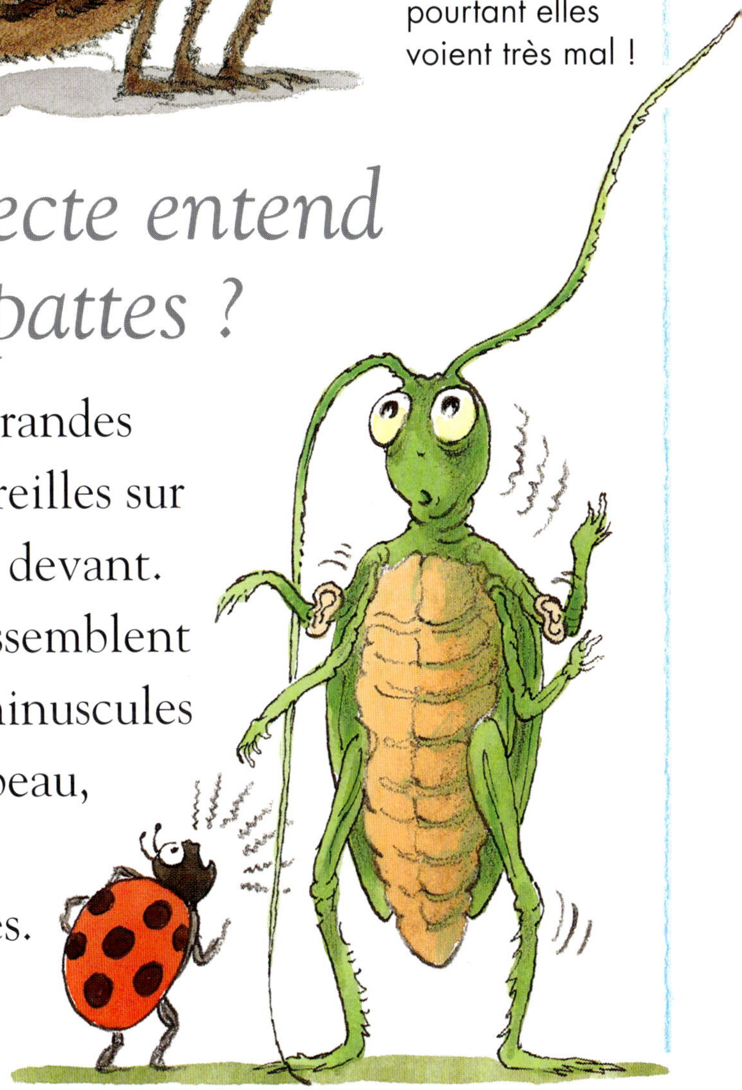

La sauterelle à grandes antennes a des oreilles sur ses deux pattes de devant. Bien sûr, elles ne ressemblent pas aux nôtres. Ce sont de minuscules trous recouverts d'une fine peau, un peu comme des tambours miniatures.

Pourquoi les chenilles deviennent-elles papillons ?

Un papillon passe par quatre stades différents avant d'être complètement adulte. À chaque stade, il change de taille, de forme et de couleur.

- Beaucoup d'insectes changent de forme en grandissant. Ce type de croissance s'appelle métamorphose.

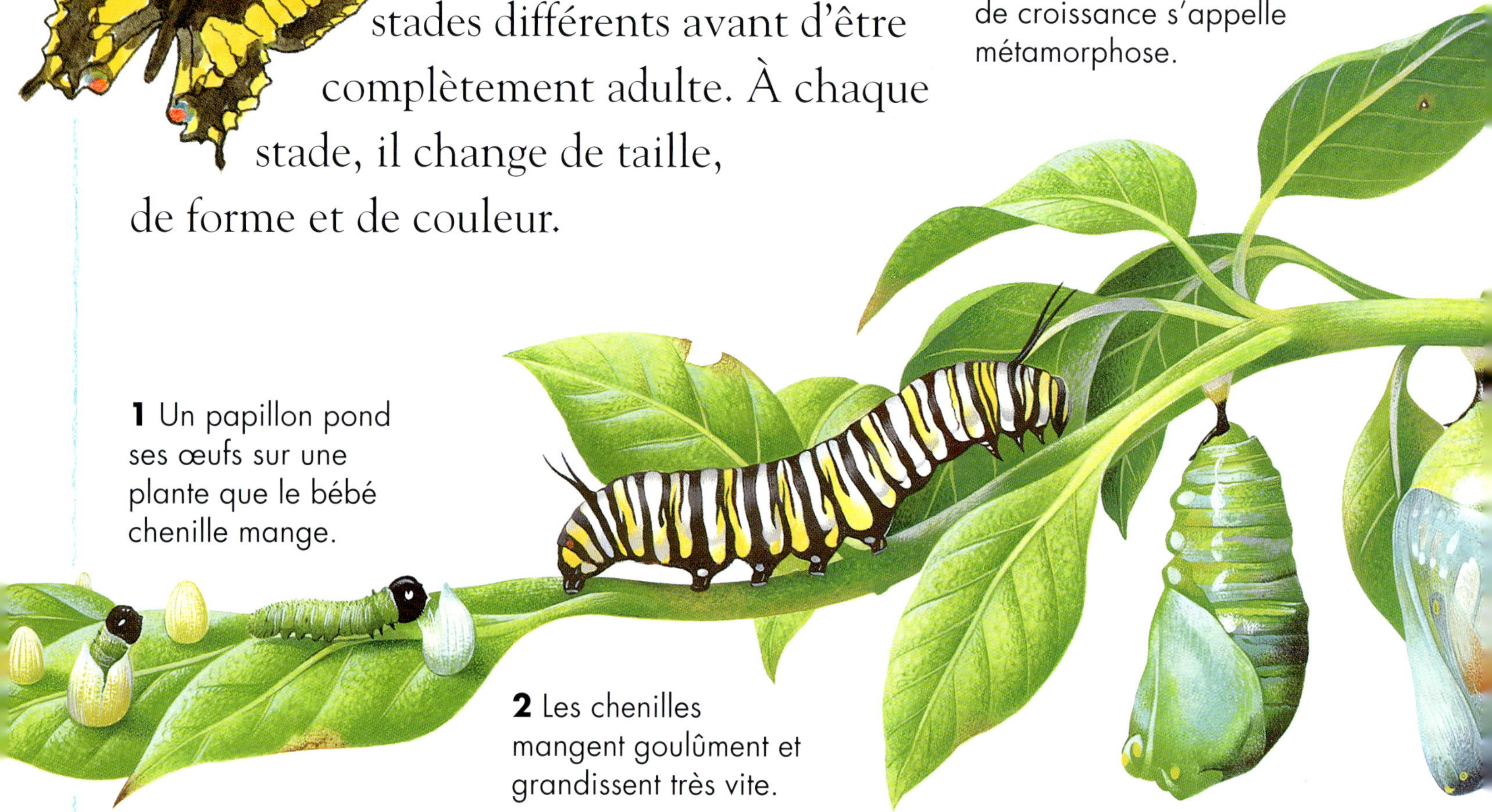

1 Un papillon pond ses œufs sur une plante que le bébé chenille mange.

2 Les chenilles mangent goulûment et grandissent très vite.

3 Chaque chenille se transforme en une enveloppe dure, appelée chrysalide. À l'intérieur, son corps change d'aspect.

- Les bébés qui sortent d'un œuf d'insecte sont appelés larves – mais beaucoup de gens les appellent simplement asticots.

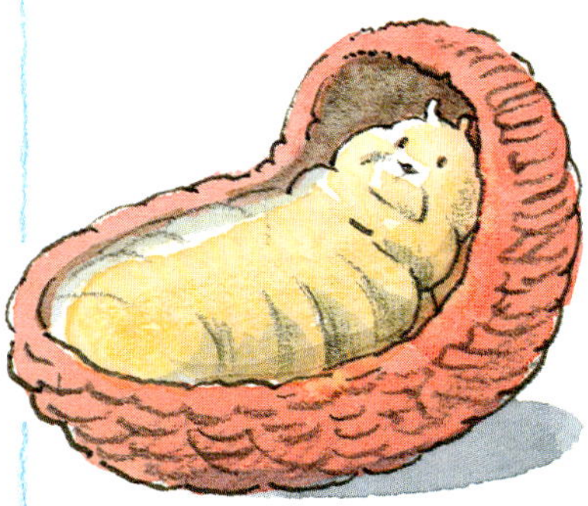

- Les chenilles grandissent si vite que leur enveloppe éclate. Une nouvelle peau avec de nombreux espaces vides se met alors en place.

- La chrysalide est comme un coffre-fort. Elle protège le corps de l'insecte pendant qu'il se métamorphose.

Tous les insectes ne changent pas complètement en grandissant. Un œuf de criquet donne naissance à de minuscules nymphes qui ressemblent presque à leurs parents.

Les nymphes changent de peau en grandissant, mais elles ne font pas de chrysalide. Elles deviennent adultes petit à petit.

Un papillon femelle pond jusqu'à 50 000 œufs dans sa vie.

4 Lentement, le papillon se forme. Lorsqu'il sort de la chrysalide, ses ailes sont molles et fripées. Elles sèchent au soleil.

Les papillons n'ont pas besoin de manger pour grandir, mais ils aiment boire ici et là le nectar sucré des fleurs. C'est un carburant qui les aide à voler.

Quel insecte est la meilleure mère ?

Une femelle perce-oreille passe tout l'hiver à veiller sur ses œufs. Elle les nettoie et les réchauffe. Quand ils naissent, elle nourrit ses petits avec de la nourriture contenue dans son estomac. Délicieux !

• Le cloporte transporte ses petits dans une poche, comme un kangourou.

Qui éclôt dans un vase ?

La guêpe maçonne fabrique de minuscules vases avec de l'argile humide. Elle pond un œuf dans chacun et y dépose une chenille vivante, puis ferme le nid pour que la chenille ne s'échappe pas. Quand le bébé guêpe naît, son premier repas l'attend !

Quel insecte est un parent paresseux ?

Le bourdon parasite ne s'occupe pas de ses petits. Il pénètre dans le nid d'un autre bourdon et y pond ses œufs. Quand les bébés bourdons parasites naissent, ils mangent tout ce qu'ils trouvent, même leurs frères et sœurs nourriciers !

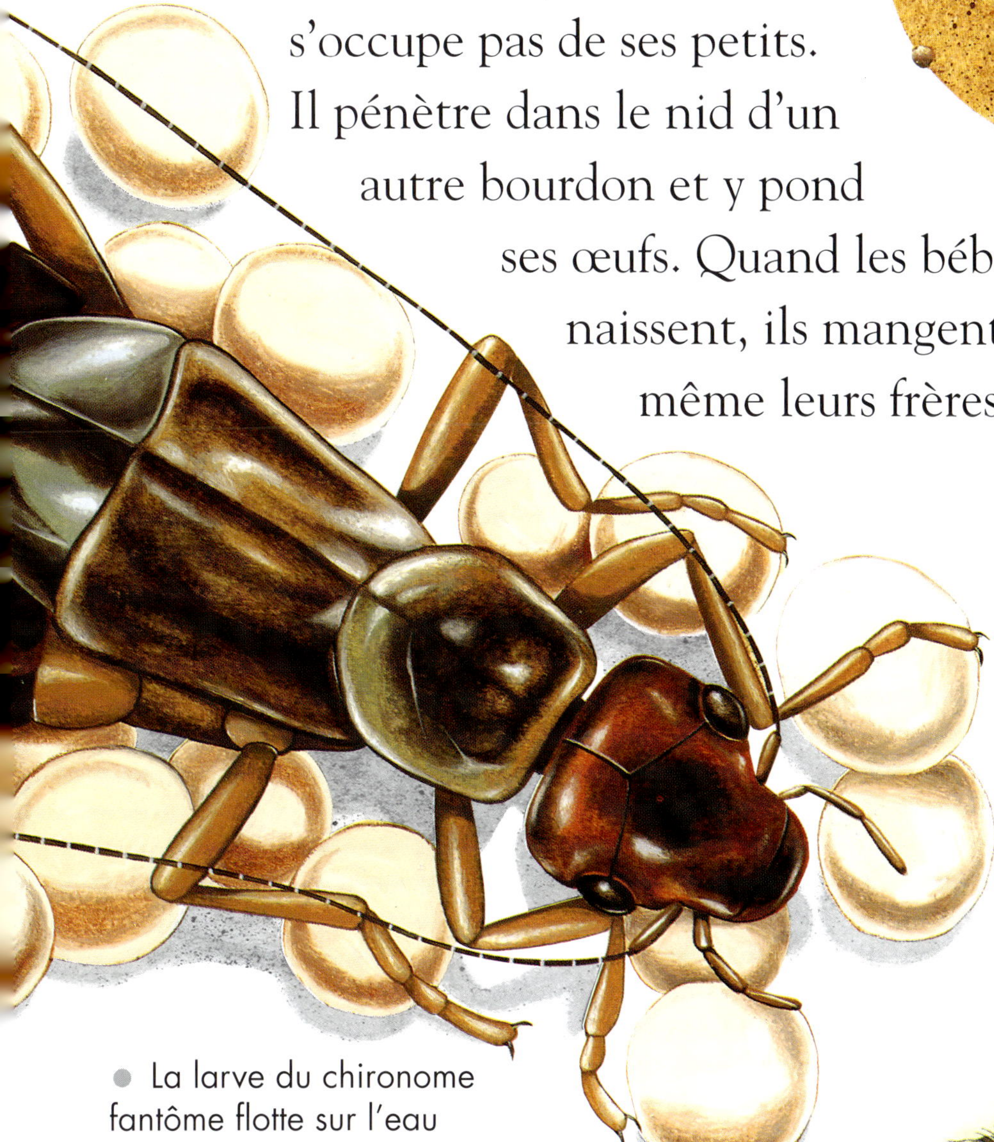

- Une reine abeille pond jusqu'à 3 500 œufs par jour, durant plusieurs semaines de suite. Il n'est pas étonnant qu'elle ne vive que deux ans !

- La larve du chironome fantôme flotte sur l'eau grâce à de petites poches d'air.

- L'araignée-loup transporte ses œufs dans un sac à dos de soie. Quand les petits naissent, ils grimpent sur son dos et voyagent ainsi avec elle.

Quels insectes portent une armure ?

1 Quand un coléoptère se déplace au sol, ses ailes de vol sont cachées sous deux ailes dures protectrices appelées élytres.

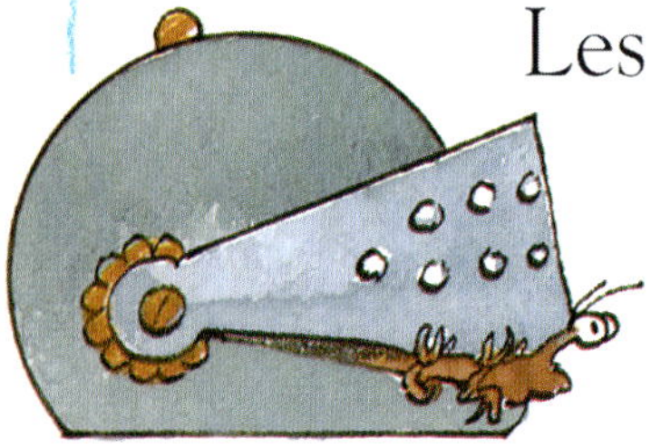

Les coléoptères ont deux paires d'ailes, mais une seule leur sert à voler. L'autre paire forme une épaisse armure qui protège les ailes délicates et le corps mou de l'insecte.

- Il est facile de deviner d'où vient le nom du charançon girafe. Son cou est deux fois plus long que son corps !

2 Quand il veut voler, un coléoptère ouvre ses élytres et déploie ses ailes.

Quel insecte utilise « un pistolet » ?

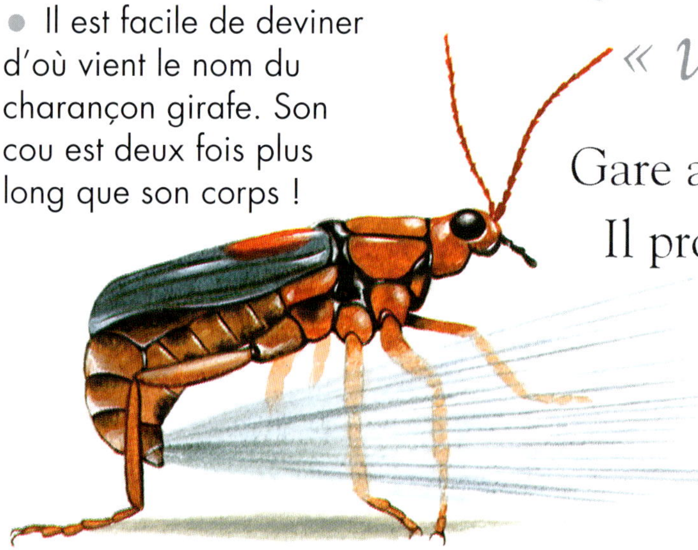

Gare au scarabée bombardier ! Il projette un liquide chaud et piquant sur ses ennemis. Ce liquide s'enflamme et produit un crépitement aigu comme celui d'un minuscule pistolet.

Qui creuse des tombes pour les piller ?

Les nécrophores n'ont pas de respect pour les morts ! Lorsqu'ils trouvent un animal mort, ils creusent le sol pour enterrer le corps. Ils pondent ensuite leurs œufs dans le corps de l'animal, qu'ils recouvrent de terre. Quand les petits naissent, un délicieux garde-manger les attend !

- Pour construire un bonhomme de neige, on fait rouler une grosse boule de neige. C'est ainsi que font les scarabées lorsqu'ils roulent leur boule de bouse. Ils la mettent à l'abri dans un endroit secret pour la manger plus tard.

- Les Égyptiens croyaient que le soleil était roulé dans le ciel par un scarabée géant.

3 Le coléoptère bat des ailes et se déplace en volant lentement.

Pourquoi les papillons de nuit volent-ils autour des lampes ?

Lorsqu'ils volent, les papillons de nuit se repèrent grâce à la Lune et aux étoiles. Si une lumière vive les déroute, ils tournent autour, et brûlent parfois leurs ailes sur l'ampoule chaude.

Pourquoi les vers luisants font-ils de la lumière ?

La femelle émet de la lumière pour attirer un mâle. Elle envoie son message lumineux aux autres vers luisants. Puis elle se repose en attendant une réponse !

● La luciole d'Amérique du Nord femelle est une menteuse. Elle émet le signal lumineux d'une autre luciole et, quand un mâle s'approche, elle le mange !

Comment les criquets jouent-ils du violon ?

Le criquet des champs utilise son corps comme un violon. Il se sert de ses pattes de derrière comme d'un archet qu'il frotte contre ses ailes pour produire un petit bruit. Par une chaude nuit d'été, tu peux entendre tout un orchestre jouer dans ton jardin.

• La vrillette ou horloge de la mort aime ronger les planchers et attire un partenaire en tapotant avec ses mâchoires. Autrefois, on croyait que ses coups annonçaient la mort d'un habitant de la maison.

Comment les moustiques bourdonnent ?

La femelle du moustique bourdonne en battant des ailes jusqu'à mille fois par seconde, pour attirer un mâle. Mais ce bourdonnement a le mérite de signaler sa présence et l'on peut se protéger !

• L'insecte le plus bruyant du monde est la cigale. On peut l'entendre à plus de 500 m, soit la longueur de cinq terrains de football.

Pourquoi les abeilles vivent-elles dans des ruches ?

Dans la nature, les abeilles vivent dans des trous d'arbres ou de rochers. Mais si un apiculteur leur installe de grandes ruches, les abeilles s'y installent volontiers. En fait, l'apiculteur en profite car il peut ainsi récolter le miel.

- Quand l'apiculteur ouvre une ruche, il met des vêtements spéciaux, des gants et un voile pour se protéger des piqûres d'abeilles.

Pourquoi les abeilles dansent-elles ?

Quand une abeille trouve beaucoup de nourriture, elle revient à la ruche pour prévenir ses amies en dansant. Le nombre de pas de danse et la direction pointée par l'abeille indiquent aux autres où aller exactement.

• Les abeilles ont un peigne sur leurs pattes de devant. Elles l'utilisent pour nettoyer leurs antennes.

• Récolter le nectar pour faire du miel est un dur travail. Une abeille devrait faire dix millions de voyages pour remplir un seul pot !

Comment les abeilles nourrissent-elles leurs petits ?

En se posant sur une fleur, les abeilles ramassent le pollen grâce à des petits paniers présents sur leurs pattes arrières. La récolte servira à nourrir leurs petits.

• Les ours volent le miel dans les nids d'abeilles. Leur épaisse fourrure les protège de leurs piqûres, sauf sur le nez !

• Toutes les abeilles ne vivent pas dans des ruches. Beaucoup d'espèces vivent seules dans des terriers.

Quelles fourmis vivent sous une tente ?

Les œcophylles cousent des feuilles ensemble pour se faire une tente. Pour cela, en guise d'aiguilles et de fils, elles se servent de leurs larves ! Chaque fourmi tient une jeune larve dans sa bouche et lui fait transpercer le bord de deux feuilles. La larve fabrique un fil soyeux et collant qui assemble solidement les deux feuilles.

Quelle maison a une trappe d'accès ?

Le terrier de l'araignée à trappe possède une porte à charnière de soie qui peut s'ouvrir et se fermer. L'araignée, cachée à l'intérieur, guette un insecte. Quand elle en entend un, elle ouvre brusquement la trappe et saisit sa victime.

- Beaucoup de petites bêtes s'installent dans les maisons. Fourmis, araignées, mites, mille-pattes et mouches préfèrent vivre à l'intérieur.

Quel nid est en papier ?

Le nid du poliste a des murs en papier. Il fabrique le papier en mâchant des morceaux de bois qu'il récolte sur des arbres ou de vieux piquets ! Il dépose ensuite ce mélange en fines couches pour construire son nid.

- La chenille du lasiocampe construit une ombrelle en soie qui lui sert d'abri pour manger.

- Les termites sont les champions de la construction. Ils font des nids de boue de plus de quatre fois la taille d'un homme. Ils doivent être spacieux car jusqu'à cinq millions de termites peuvent y vivre !

Quel terrible bébé vit sous l'eau ?

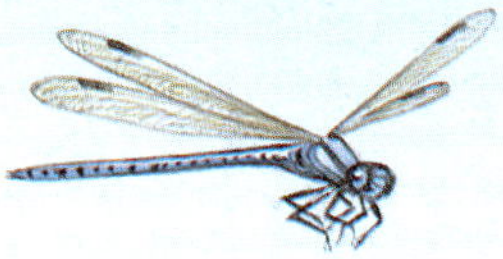

C'est le bébé libellule ! Les jeunes libellules sont appelées larves. Elles ne volent pas, mais nagent au fond des mares et des rivières pendant un an ou deux, le temps de leur croissance.

3 Les libellules adultes multicolores volent en avant et en arrière au-dessus de l'eau ; leurs ailes transparentes brillent au soleil.

2 Quand une larve est prête à devenir adulte, elle grimpe sur une tige hors de l'eau. Sa peau s'ouvre et une libellule en sort.

1 Les larves de libellules sont de féroces chasseurs qui attaquent tout ce qui bouge.

Quelle punaise nage sur le dos ?

La notonecte passe son temps à nager sur le dos sous la surface de l'eau, en se propulsant avec ses pattes de derrière. Elle doit être fatiguée de regarder le ciel !

- L'araignée des marais adore pêcher. Elle trempe ses pattes dans l'eau pour appâter de minuscules poissons. Quand ils commencent à lui manger les doigts, elle les attrape !

- L'argyronète construit une tente de soie sous l'eau. Pour l'empêcher de flotter en tous sens, l'araignée l'arrime avec des cordons de soie.

- Les larves du dytique, appelées tigres d'eau, sont capables de capturer un petit poisson !

Quand une fleur n'est-elle pas une fleur ?

Quand c'est une mante fleur ! Cet insecte est non seulement rose comme une fleur, mais son corps a des excroissances en forme de pétales. Quand un pauvre insecte se pose sur cette « fleur » pour se nourrir, la mante l'attrape et le dévore.

● Le membracide est une minuscule punaise déguisée en épine. Quand elle se tient sur une brindille, elle ressemble à s'y méprendre à une épine.

● Si un oiseau se précipite sur un paon de jour, il est très surpris ! Quand le papillon ouvre ses ailes, on y voit deux féroces paires d'yeux.

Quand une feuille n'est-elle pas une feuille ?

Les phyllies se déguisent en feuilles pour se cacher de leurs ennemis. Leur corps vert est même traversé de lignes qui ressemblent aux nervures d'une vraie feuille.

- Les raies noires et jaunes de la guêpe signifient : « Danger ! Je pique ! » Les syrphes ne piquent pas mais ils ressemblent aux guêpes pour faire croire qu'ils piquent.

Quel insecte a deux têtes ?

La chenille du sphynx d'Australie effraie ses ennemis en relevant l'arrière de son corps ! Celui-ci ressemble à une tête féroce avec deux gros yeux pâles. Un oiseau qui veut l'attaquer est effrayé et s'enfuit rapidement.

Qui a une aiguille au bout de la queue ?

Le scorpion attaque en relevant la queue au-dessus de sa tête. Il frappe sa proie avec l'extrémité pointue de son dard et lui injecte du poison. Aïe !

Les araignées sont-elles mortelles ?

Bien que les morsures d'araignées puissent être très douloureuses, très peu sont assez venimeuses pour te tuer. La veuve noire est l'araignée mortelle la plus connue. Son poison est assez fort pour tuer un homme. Elle a aussi une autre manie, elle dévore parfois son mari !

• Le poison de la veuve noire est quinze fois plus mortel que celui d'un crotale.

Qui tue plus d'un million de personnes par an ?

Dans certains pays chauds, les moustiques véhiculent une maladie mortelle appelée malaria. Ils peuvent la transmettre à tous ceux qu'ils piquent. Plus de 200 millions de personnes attrapent la malaria chaque année et plus d'un million en meurent.

- Les médecins ont un remède pour la plupart des morsures d'araignées, mais ils doivent savoir exactement quel poison d'araignée ils doivent combattre. Alors, si une araignée te mord, demande-lui son nom !

Incroyable, 120 millions de pattes ?

Un essaim de fourmis légionnaires peut compter plus de vingt millions de fourmis. Ces fourmis n'ont pas de maison, elles sont nomades. Elles mangent tout sur leur passage, y compris les hommes !

Les petites bêtes sont-elles bonnes pour l'homme ?

La plupart des petites bêtes sont inoffensives, certaines sont même très utiles. Elles permettent aux plantes de se développer, elles nettoient la Terre et produisent des choses précieuses, comme la soie ou le miel.

- Les hommes qui étudient les insectes s'appellent des entomologistes. Ils voyagent dans le monde entier pour mieux les connaître et essayer de les protéger.

- Que dirais-tu de manger un criquet grillé ? Dans certaines régions du monde, les sauterelles, les criquets et les chenilles sont dégustés comme des friandises.

- Les insectes sont les éboueurs du monde. Ils nettoient le sol des excréments et des cadavres d'animaux.

- Les criquets ne sont pas bons pour l'homme. Ils font beaucoup plus de dégâts et beaucoup plus vite que tout autre insecte. Ils se rassemblent par millions et détruisent une récolte en quelques minutes.

- Les coccinelles sont les meilleures amies des jardiniers. Elles protègent les plantes et les fleurs en mangeant de grandes quantités de chenilles et de pucerons.

- La forêt tropicale abrite plus d'insectes que tout autre partie du monde.

L'homme est-il bon pour les petites bêtes ?

Beaucoup de petites bêtes profitent de notre présence. Notre maison leur fournit nourriture, chaleur et abri. Mais d'autres ont souffert parce que l'homme a détruit leur habitat ou leur nourriture.

Index